Cuidar el planeta Tierra

María Mañeru

LIBSA

TEXTOS: María Mañeru
EDICIÓN: Equipo editorial LIBSA
DISEÑO DE CUBIERTA: equipo de diseño LIBSA
MAQUETACIÓN: Javier García Pastor y equipo
de maquetación LIBSA
ILUSTRACIÓN: Archivo LIBSA, Shutterstock Images, Thinkstock

ISBN: 978-84-662-3719-2

© 2018, Editorial LIBSA, S.A.
C/ San Rafael, 4
28108 Alcobendas Madrid
Tel.: (34) 91 657 25 80
Fax: (34) 91 657 25 83
e-mail: libsa@libsa.es
www.libsa.es

Contenido

Presentación

Antes de nada,
haz este pequeño test: ☒ ☑

Te gustan más...
A. Los animales ☐
B. Los ordenadores ☐

Prefieres...
A. Salir de excursión al campo ☐
B. Quedarte jugando con la consola ☐

Eres más de...
A. Playa o montaña ☐
B. Ciudad y más ciudad ☐

Cuando estás en el bosque...
A. Guardas tu basura hasta volver a casa ☐
B. Lo tiras todo al suelo
(porque pesa menos) ☐

¡Rellena los cuadratines blancos con tu opinión!

Si tienes mayoría de **respuestas A,** eres todo un amante de la Naturaleza y este es tu libro. Si tienes mayoría de **respuestas B,** tienes mucho que aprender... ¡Así que este también es tu libro! **Lector A y B:** es el momento de pararte a pensar qué ocurre cuando alguien tira basura en plena naturaleza. No nos referimos solamente a cuando una persona deja una lata en el campo, sino a **TODO** tipo de basuras, por ejemplo...

- Humo de los tubos de escape o de las chimeneas de fábricas y casas que se queda en el aire.
- Bolsas de plástico que flotan en el mar.
- Productos químicos (de limpieza, pesticidas, etc...), que envenenan el agua.

Cuando esto ocurre muchas veces, los **hábitats** (la casa de los animales y las plantas) se destruyen y entonces empezamos a hablar de una catástrofe ecológica que puede poner en peligro a todo el planeta. Seguro que esto te preocupa mucho. Bien, pues la **buena noticia** es que todos **podemos hacer algo** para ayudar a eliminar la contaminación (del aire, de la tierra, del agua y hasta del espacio sideral), evitar que haya especies en peligro de extinción y recuperar espacios naturales para que **la Tierra sea un lugar mucho mejor en el que vivir.**

En este libro vamos a enseñarte cuáles son los **grandes problemas medioambientales** a los que nos enfrentamos, como el cambio climático, el agujero de la capa de ozono y la contaminación. Parecen cosas muy difíciles, pero no lo son y además, vas a aprender también cuáles son las **fuentes de energía renovables,** las que no se gastan nunca ni contaminan, como el Sol o el viento y te vamos a dar todo tipo de **ecoconsejos** para que vivas de una manera mucho más limpia, desde ir en bicicleta en lugar de en coche, hasta trucos para consumir menos y de forma más responsable, reciclar y reutilizar, haciendo cada vez más pequeña nuestra basura. Vas a convertirte en un verdadero **experto en ecología,** así que no pierdas más tiempo y haz ahora mismo tu primer **ecogesto: pasa la página.**

El cambio climático

¿El tiempo está loco?

Cada vez hace más **calor** en la Tierra, lo mismo hay inundaciones que sequías y todo tipo de desastres naturales... ¿Qué está pasando? El clima está cambiando y la subida de la temperatura es lo que llamamos **calentamiento global**.

DEMASIADO CALOR...

1 Lluvia ácida

Los gases de los tubos de escape y las chimeneas, entre otros, suben a la atmósfera. Cuando llueve, cae a la tierra en lo que llamamos **lluvia ácida**... ¡y hace mucho daño a las plantas!

La temperatura de la Tierra aumenta **0,3 °C** cada 10 años.

El calor se ha convertido en una tasa **variable** año a año.

Eco consejos

2 Efecto invernadero

Una parte del calor del Sol que llega a la Tierra vuelve a radiarse al espacio y al chocar con la atmósfera funciona como un invernadero: mantiene una **temperatura** siempre cálida en la Tierra. Es muy importante para la vida y cuando esta situación natural se desequilibra por la **contaminación** comienzan los problemas: el calor hace que el agua sea escasa y que cada vez haya más desierto en la Tierra.

3 Deshielo y subida del nivel del mar

Además, al derretirse **el hielo** de los Polos por el calentamiento global, hay más agua en el mar, que sube de **nivel** y podría inundar las costas. ¡Incluso podrían desaparecer islas enteras!

Aísla puertas y ventanas para no usar tanto la calefacción

Camina, ¡el coche contamina mucho!

Baja la calefacción y el aire acondicionado

La capa de ozono
Nuestro paraguas protector

Alrededor de la Tierra hay una capa fina de gas que se llama **capa de ozono.** Es una especie de barrera que deja pasar la luz, pero nos protege de la parte más peligrosa de los rayos solares. Ahora mismo tiene un gran problema: **¡un enorme agujero!**

¿Dónde está el agujero?

En los dos Polos (Antártida y Ártico).

¿Cómo es de grande?

¡Mide más de 24 millones de kilómetros cuadrados!

¿Se va a arreglar?

¡Sí! Muchos países han hecho un protocolo para cerrar el agujero y si todos respetamos las normas, quizá en 2050 esté recuperado.

No uses insecticidas en aerosol

Eco consejos

Menos coche y más bici

Di no a la laca en spray

¡Siempre protección solar!

¿QUÉ OCURRE CON EL AGUJERO DE LA CAPA DE OZONO?

1 La **contaminación** del aire (por culpa de los gases, los aerosoles, etc.) ha roto la capa de ozono dejando un gran **agujero**.

2 Los **rayos ultravioleta** del sol entran por el agujero y pueden provocar enfermedades como el cáncer.

3 Hace más calor y la **temperatura** de la Tierra sube, con lo que aumenta el calentamiento global y se favorece el **cambio climático**.

La contaminación

¡Forma parte de la patrulla de limpieza!

Seguro que cuando piensas en contaminación te imaginas grandes chimeneas de fábricas echando humo o basuras tiradas por el campo... Pues debes saber que hay **muchos tipos de contaminación** y que tienes en tu mano hacer del mundo un lugar mucho más bonito.

Eco
consejos

Separa las basuras y recicla

Cuanto menos humo, mejor: el coche, en el garaje

El **80%** de las ciudades superan los límites recomendados de contaminación.

No eches aceites por el desagüe

Respirar en **Pekín**, equivale a fumar más de 20 cigarrillos diarios.

En la naturaleza: ¡baja el volumen!

CONTAMINACIÓN...

1

...del agua

Los seres humanos tiramos **aceites** y otros productos por el **desagüe**, que llegan a ríos y mares, haciendo que muchos peces mueran envenenados.

2

...del suelo

Encontramos **basura** en cualquier paraje natural que debería haber sido **reciclada** y tratada en vertederos.

3

...del aire

Los **tubos de escape**, las chimeneas de la calefacción, el **humo** de las fábricas... es también basura que se queda en la atmósfera.

4

...sonora y visual

La paz y el silencio de la naturaleza se rompe con el **ruido del tráfico**, la maquinaria, la música a todo volumen... Y los paisajes se estropean con **carteles publicitarios** o construcciones modernas. ¿Crees que esto les gusta a los seres vivos de bosques y playas?

Movilidad sostenible
La ciudad de los niños

Ir a todas partes en coche hace que el aire se llene de dióxido de carbono (CO_2), un gas que **lo contamina todo.** Para tener una ciudad más limpia, hay otras formas de moverse ¡elige la tuya!

1 Caminar

Hacer deporte es bueno para tu salud, así que siempre que puedas, vete **andando.** Eso sí, hazlo **con seguridad:** ve por la acera, respeta los semáforos y los pasos de peatones.

¿QUÉ HACEMOS EN LA CIUDAD DE LOS NIÑOS?

4 El coche eléctrico

Coches, metros y trenes eléctricos no tienen **motor de combustión,** así que son más ecológicos.

La bicicleta te da razones:

Una bicicleta va un

30%

más deprisa que un coche en hora punta.

En una sola plaza de garaje de coche caben…

¡20 bicis!

Una bicicleta consume

50 veces

menos energía que un coche.

Eco
consejos

Si vas muy lejos, usa el transporte público

Reduce la velocidad si vas en coche, ¡contamina menos!

Ve al colegio caminando o en bicicleta

2 Transporte colectivo

En un **autobús** cabe mucha gente, elige ese medio de transporte en lugar del coche o comparte el coche con más personas, sale más barato y contamina mucho menos.

3 En bicicleta y en patines

Bicis y patines no sueltan humo. Recuerda: utiliza siempre el **casco**, usa los **carriles especiales** para bicis y patines y respeta las normas de tráfico.

El Sol
Energía renovable

Has visto que gastar combustibles fósiles como petróleo, carbón o gas natural agota los recursos naturales y contamina mucho. Tranquilo. Existe una solución, **una energía limpia** que no se gasta: la luz del Sol.

1 Un viaje muy largo

Los rayos solares (energía térmica y luminosa) viajan unos **100 millones de km** por el espacio hasta llegar a la Tierra.

LA ENERGÍA SOLAR

2 Paneles solares

Los paneles solares captan la **energía térmica** y la transforman en energía eléctrica.

3 Usos

La energía solar no contamina y es **renovable** (no se agota) y la podemos usar para la red eléctrica, para calentar agua, para la calefacción o el aire acondicionado... Es decir, **¡para todo!**

Eco
consejos

Pon un recipiente con agua y usa el Sol para calentarla en lugar de usar la caldera

Aprovecha las horas de Sol y apaga la luz si no la necesitas

Tiende la ropa al Sol y no uses la secadora

El Sol produce cada año

4.000

veces más energía de la que necesitamos.

Aunque la energía solar depende del clima, un panel puede

almacenar energía

durante el día y permite usarla luego por la noche.

Un panel solar es caro, pero la energía solar es

gratis.

El primer panel solar se conoció en

1956.

El viento
Energía eólica, no solo aire

Otra **energía limpia** y que no se acaba nunca (renovable) es la que nos proporciona el viento. Este tipo de energía es un **valor seguro** para hacer frente al cambio climático, ya que dejaríamos de usar petróleo y gas.

«Eólica» viene del
dios Eolo,
el dios de los vientos
de la mitología griega.

Los parques eólicos
más grandes
del mundo son el de Gansu (China),
Muppandal (India) y el Centro de Energía
Eólica Alta (California, EEUU).

Es la energía más antigua: en el
2.000 a. C.
ya había molinos de viento en China.

TURBINAS MÁS COMUNES

Minieólicas

3 Son aerogeneradores de **uso particular** que pueden ponerse en el tejado de las casas.

Aerogeneradores

Para obtener energía eólica se usan torres de hasta 93 m de altura con tres **palas o aspas** en la cabeza. Funcionan transformando la **energía mecánica** del viento en energía eléctrica. Una sola turbina puede dar luz a **600** casas.

1 Molinos de viento

Símbolo de Holanda y enemigos de Don Quijote, los molinos son una estructura cilíndrica con cuatro **aspas** que transmiten el **movimiento** del viento por medio de ruedas para moler el grano.

2

Eco
consejos

De vacaciones, mejor un barquito de vela que una lancha con motor

Convence a tus padres para instalar una minieólica en el tejado

¡Química!

¡Está en el el aire, en el agua y en el suelo!

Ya sabes que la contaminación de coches y chimeneas **envenena el aire** con gases nocivos y que los plásticos y muchos metales pesados acaban en el agua y en el interior de muchos peces. Pero, además, la tierra y los animales también se están contaminando con **sustancias químicas** por culpa del ser humano.

El **95%** de los alimentos vienen del suelo... ¡Cuidémoslo!

Eco
consejos

Lava y/o pela las frutas

No compres alimentos sin control sanitario

Quita las hojas externas de las verduras y cocínalas bien

Monta tu propio huerto en la terraza (sin pesticidas)

⅓ DEL SUELO DEL PLANETA SE ESTÁ DEGRADANDO

1 Medicinas

Para que el ganado no enferme, se le da **antibióticos** y otros medicamentos que dejan residuos en los animales. Suele estar regulado, pero en animales no controlados, al comernos su carne, su leche o sus huevos, podemos intoxicarnos.

2 Pesticidas

Para evitar que las **plagas** de insectos y roedores o las enfermedades de las plantas afecten a **los cultivos,** muchas veces se rocían con pesticidas químicos. Los restos de esos pesticidas están en las frutas y las verduras.

3 Alimentos

El ganado a veces se alimenta con productos que les hacen **engordar** más y que también nos pueden intoxicar.

¡Somos agua!

Un bien muy preciado

El **agua** que usas es la misma que ha existido durante millones de años, manteniéndose en circulación en sus tres estados: líquido, (océanos y ríos) sólido (hielo y glaciares) y gaseoso.

4 **Precipitació**

El **60%**
de nuestro peso corporal es agua

Necesitamos beber de 1 a 3 litros de agua diarios.

1 El calor del Sol

Los rayos del Sol atraviesan la **atmósfera** y llegan a la **superficie** terrestre. Así el agua de los ríos y los mares se calienta.

El **70%** de la superficie de la Tierra está cubierta por agua.

No llenes la bañera hasta arriba, o mejor: ¡dúchate!

AGUA SALADA

Océanos

AGUA DULCE

Ríos, arroyos y hielo del Polo y de las montañas

3 Condensación

1

EL CICLO DEL AGUA

2 Evaporación

4 ¡Está lloviendo!

Las gotas de agua que forman las nubes caen de nuevo sobre la superficie terrestre en forma de **agua,** (precipitación) **nieve o granizo.** Así se cierra el ciclo que comienza de nuevo cuando el Sol calienta el agua.

3 ¿Cómo se forman las nubes?

La **condensación** hace que el agua evaporada suba hasta la atmósfera y forme las **nubes.** Estas son pequeñas gotas de agua suspendidas en la atmósfera.

2 ¡El agua se transforma en vapor!

Con el calor, el agua se **evapora.** El hielo glaciar se **derrite** pasando a estado líquido hasta que se evapora (gaseoso).

Eco
consejos

No juegues con el agua

El inodoro no es un cubo de basura, ¡no desperdicies agua tirando mil veces de la cadena!

Cierra el grifo mientras te cepillas los dientes o te lavas las manos

El mar

¡No es un gran vertedero!

Grandes peligros acechan a nuestros océanos y sus habitantes. Como parecen (y son) masas de agua tan grandes, hasta hace poco se pensó que podrían absorber todo lo que se arrojase en ellas, pero no es así. En los últimos siglos **se ha acelerado la contaminación** de los mares... ¡Pero podemos hacer algo por evitarlo!

Hay más de **210.000 formas** de vida en los mares.
Cuidarlas es nuestra responsabilidad.

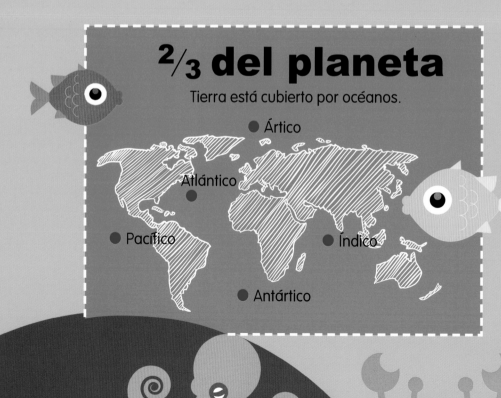

²/₃ del planeta

Tierra está cubierto por océanos.

- Ártico
- Atlántico
- Pacífico
- Índico
- Antártico

LOS GRANDES PROBLEMAS DEL OCÉANO

1 Sobrepesca

Estamos capturando **130 millones de toneladas** diarias de peces. Si pescamos una cantidad demasiado elevada de peces, no les damos tiempo a reproducirse, así que el mar se está **agotando** y algunos seres vivos se están extinguiendo, como las ballenas.

2 Vertido de petróleo

Cada año terminan en el mar **3,5 toneladas de petróleo** cuando los barcos se hunden o colisionan entre sí. Las **mareas negras** acaban con la vida de plantas y animales.

¡Basura, basura y basura!

3

Plásticos, metales como el mercurio, productos químicos... Todo tipo de **residuos** acaban en el mar. Cada año, unas **6,4 millones de toneladas de basura** ensucian los mares.

Eco consejos

No compres peces «bebé», hay que dejarlos crecer y reproducirse

En el mar y en la playa... ¡Basuras no!

Lee las etiquetas: ¡solo peces pescados de **manera** artesanal!

Apúntate a las campañas de limpieza en las playas

El bosque
Un ecosistema amenazado

El bosque es un área enorme de plantas, sobre todo árboles, que son **el refugio de miles de especies animales** y el futuro de nuestro planeta. El bosque tiene superpoderes como: producir oxígeno, reducir la contaminación y controlar la humedad.

PELIGROS PARA EL BOSQUE

2 Incendios forestales

El **fuego** arrasa el bosque todos los años. A veces se produce un incendio por accidente o por descuido, pero otras, son incendios intencionados.

1 Deforestación

Los seres humanos **talamos** demasiados **árboles** buscando más terreno de cultivo para la agricultura, de pasto para la ganadería o espacio para poner carreteras y ciudades más grandes.

Industria maderera

3

La **madera** y el **papel** que se obtiene de ella es un negocio que está acabando con mucha extensión de bosque.

Un **70%** de los animales y las plantas de la Tierra viven en el bosque... Tenemos que protegerlos.

CO_2

O_2

Un **30%** de la superficie terrestre es de bosque:

- Bosque tropical en el **Ecuador.**
- Bosque templado en **Norteamérica, Europa y Asia.**
- Bosque de coníferas o taiga en el **hemisferio norte.**

El bosque: el

"pulmón"

de la Tierra.

Proceso de fotosíntesis de las plantas:
1. Absorben dióxido de carbono (CO_2).
2. Devuelven oxígeno (O_2) a la atmósfera.

Eco
consejos

Nunca compres un árbol (ni siquiera en Navidad)

No ensucies el bosque

Nunca hagas fuego en el bosque

Aprovecha tus lapiceros hasta el final: ¡están hechos de madera!

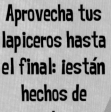

El hielo
¡El Ártico se derrite!

Durante siglos, el Ártico fue una zona de hielo permanente, pero en los últimos 30 años ha comenzado **a deshelarse** y la superficie ha disminuido tanto que los ecologistas han hecho una llamada internacional para proteger y mantener la **masa de hielo.**

UNA DESGRACIA EN ESPIRAL

El Ártico se derrite por el cambio climático y el cambio climático va más rápido porque el Ártico se derrite.

1 La Banquisa

Se llama así al **mar de hielo** del Ártico. Al derretirse tan deprisa, se vuelve líquido, degradando la reserva de hielo.

2 Los osos polares

El ecosistema de estos animales tan blancos como la nieve desaparece poniéndoles en **peligro de extinción.**

3 Otros animales

Además del oso polar, las **morsas, focas y ballenas** del Ártico también están amenazados.

4 Glaciares

Son masas de nieve y de hielo, por ejemplo los del **Himalaya,** que también se están derritiendo muy deprisa.

Eco
consejos

Evita la contaminación atmosférica que sobrecalienta el planeta: usa menos el coche y la calefacción

Apúntate a campañas de concienciación para proteger el Ártico

No uses aerosoles que contaminan el aire

El **Polo Norte** ya no es la nevera del planeta.

Groenlandia pierde **100.000** millones de toneladas de hielo cada año por culpa de la contaminación que calienta el planeta.

Los arrecifes coralinos

El reino de las sirenas en peligro

Los mayores arrecifes de coral del mundo, son maravillosos, pero desgraciadamente **también tienen problemas** por culpa de la contaminación. Es nuestro deber contribuir a que no desaparezcan.

3.000 arrecifes y 900 islas forman la

Gran Barrera de Coral,

en Australia, el arrecife más grande del mundo.

No compres un souvenir de coral

Eco
consejos

Si vas a hacer submarinismo, cuidado con las aletas o el tubo: no golpees los corales, ni te los lleves «de recuerdo»

Si tienes la suerte de ser turista en un arrecife, sé responsable: no rompas los corales, no pesques, ni tires basura

UN TESORO AMENAZADO

1 Coral

Puede haber hasta **400 especies** distintas de coral en los **arrecifes grandes,** que impresionan por sus estructuras calcáreas de colores.

2 Animales

Un arrecife es la lujosa casa de más de **1.800 especies animales,** entre las que destacan tiburones, estrellas de mar, tortugas, caballitos de mar y delfines.

3 Amenazas

Varios problemas acechan a los arrecifes: la mala calidad del agua por culpa de pesticidas y otros **contaminantes,** el cambio climático, la **sobrepesca** y el exceso de navegación en esas zonas son los principales.

Reciclar es un buen plan

Un mundo de color

En lugar de llenar el mundo de basura, te proponemos convertirla de nuevo **en algo útil.** Reciclar es una buena idea porque así no gastamos nuevas **materias primas** de la naturaleza, sino que volvemos a poner en uso las que ya había.

REGLA DE LAS TRES «R»

1 Reducir

Vivimos en una **sociedad** demasiado **consumista** y muchas veces compramos más cosas de las que necesitamos. Cuanto más compras, más basura produces, así que piénsatelo dos veces: **¿de verdad lo necesito?**

Eco consejos

Quita los tapones de las botellas antes de dejarlas en el contenedor de vidrio

Quita las espirales metálicas a los cuadernos antes de echarlos al contenedor de papel

Las servilletas de papel y los pañales van al contenedor orgánico

¡Ojo! Los envases de las medicinas se reciclan en un contenedor especial en las farmacias

3 Reutilizar

Volver a usar algo es también una manera interesante de cuidar el medio ambiente. Tienes un capítulo completo sobre cómo **reutilizar** en página 40.

2 Reciclar

Separar la basura (papel, plástico, vidrio, etc.) y depositar cada material en su **contenedor** es el primer paso para que luego esos residuos se traten y vuelvan a ser un cuaderno o una botella de refresco tan nueva como la primera vez. (Si quieres saber más sobre materiales para reciclar: **papel** en página 32, **plástico** en página 34, **latas** en página 36 y **pilas** en página 38).

Cada país tiene unos colores para reciclar, como por ejemplo:

Biodegradable   Papel y cartón   Bricks y latas   Vidrio   Aceite de cocina usado

El papel

¡Haz tu papel: recicla!

El papel es un producto natural porque se obtiene de la madera de los árboles. Cada segundo **se talan miles de árboles** en el mundo, árboles que generan oxígeno y que necesitamos para reducir la contaminación. Puedes seguir leyendo y escribiendo en papel, pero tienes que aprender a **reciclar** el papel y cartón de los envases, revistas, bolsas, cajas...

PAPER

Eco
consejos

¡Planta un
árbol!
(o dos,
o tres...)

Usa papel
reciclado
siempre que
puedas

Aprovecha bien
cada papel: úsalo
por las dos caras

Imprime
solo lo que
sea de verdad
necesario

El papel se puede reciclar hasta

¡11 veces!

1 tonelada de papel =

17 árboles.

Cada año se talan

15.000

millones de árboles.

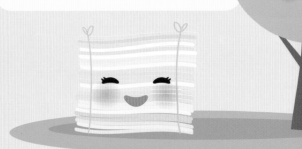

¿CÓMO RECICLAMOS EL PAPEL?

1 Contenedores

Todos tenemos que almacenar el papel y cartón que ya no podamos aprovechar más en el **contenedor.** Si lo tiras a la basura normal, se quemará en los vertederos y no podrá reciclarse (y además echará más humo a **la atmósfera).**

3 Fábrica papelera

Los fardos se llevan a la fábrica, donde se usa como **materia prima** para fabricar nuevamente papel.

2 Planta de recuperación

Cuando el contenedor está lleno, se lleva su contenido a una **planta de recuperación.** Allí se limpia, se clasifica y se prensa en fardos.

El plástico

¡Podemos frenar la isla de plástico!

El plástico se inventó a finales del siglo XIX. Antes, nunca habíamos tenido necesidad de usar este material, así que piensa un poco: en realidad, ahora **tampoco lo necesitas tanto.** Está por todas partes, porque es muy barato, muy cómodo y muy útil... ¡Pero **debe desaparecer del mar** y de todos los espacios naturales!

Una botella de plástico puede tardar hasta **500** años en descomponerse.

Los animales marinos pueden confundir el plástico con la **comida**.

El plástico **PVC** es el menos ecológico.

ISLA DE PLÁSTICO

1 ¿Qué ocurre con el plástico?

El plástico se va desintegrando con la luz del sol en trozos cada vez más pequeños, hasta que se convierte en **pequeñas partículas** tan parecidas al **plancton** que se las comen los animales marinos y así entran en la cadena alimentaria humana. Esta isla de plástico está afectando a unas 300 especies marinas.

2 ¿Qué es?

En el océano Pacífico Norte hay un gran **remolino de basura,** en su mayoría plástico, que contiene unos 100 millones de toneladas de desechos.

3 ¿Hay más?

Aunque no son tan famosos como esta isla, este fenómeno a menor escala se repite en el **Atlántico** y el **Índico.** Si no dejamos de echar plástico al mar, en poco tiempo habrá más plásticos que peces...

Lleva el agua en un termo y no en una botella de plástico

No consumas productos que llevan embalajes de plástico

Compra a granel y rellena tus envases de plástico

Lleva una bolsa de la compra reutilizable de tela en lugar de usar de plástico

Eco consejos

Las latas
No des la lata (y recicla)

Hay latas de conserva y de refresco en **todas las despensas** y es que el material del que están hechas, el aluminio, mantiene muy bien la comida o la bebida y no se rompe. De acuerdo, es cómodo y práctico, pero millones de **latas oxidadas** terminan en los bosques o las playas. Si quieres ayudar, tienes que reciclar.

UN MUNDO DE CHATARRA

¿Aluminio o acero?

1 Para saber si una lata es de aluminio o de acero, acerca un **imán.** Si se queda pegado, NO es aluminio.

Latas

2 Las **latas de refresco** representan el 60% del aluminio que se recicla.

Eco
consejos

Compra latas de aluminio y no de acero, porque es más difícil de reciclar

Haz portalápices, portavelas o macetas con las latas viejas

Tira las latas al contenedor de envases

Haz pulseras y collares con las anillas de las latas de refresco

3 Puertas y ventanas

Muchas puertas y ventanas son también de aluminio, pero como van mezcladas con plástico, debes llevarlas al **punto limpio** para que las traten separando sus componentes.

Una lata puede tardar hasta
400 años
en degradarse.

4 Papel de aluminio

¡Sí, también se puede reciclar! Cuando termines **el bocadillo,** no lo tires, haz una bola con él y... ¡al contenedor!

Una persona puede llegar a consumir 100 latas al año; es decir,
¡14 kilos de aluminio!

Las pilas y baterías

¡Ponte las pilas reciclando!

La radio, ese juguete, la linterna, el reloj, la calculadora... ¡Tienes a tu alrededor **mil y una cosas que funcionan con pilas!** Es un gran invento porque te permiten usar cualquier aparato sin conectarlo a la red eléctrica, estés donde estés, pero las pilas contienen un montón de elementos contaminantes, por eso... **¡Recíclalas siempre!**

La primera pila la inventó **Alessandro Volta** en 1800.

La vieja batería del coche o del teléfono móvil, **nunca a la basura:** ¡al punto limpio!

¡Las **baterías** también son pilas!

1 ¿De qué están hechas?

Las pilas contienen **metales pesados** como zinc, litio, óxido de plata, cadmio o mercurio. Esa **energía química** se transforma en energía eléctrica para que funcione el aparato.

PEQUEÑAS, PERO MUY PELIGROSAS

¿Por qué contaminan?

2

Cuando tiramos una pila y la capa que la recubre se descompone, esos metales pesados se liberan. ¿Sabías que una sola micropila de mercurio puede contaminar hasta **600.000 litros de agua?**

3 ¿Cuánto tardan en desaparecer?

Una pila tardaría en **biodegradarse** más de **1.000 años,** un tiempo en el que además no dejaría de contaminar, por eso el reciclaje es tan importante. Deposita las pilas en los contenedores específicos.

Eco
consejos

Usa pilas recargables, pueden durar tanto como 300 pilas normales

Si vas a comprar un reloj, elige uno que funcione con cuerda

Las pilas no se tiran a la basura, ni se entierran, ni se queman: ¡recíclalas!

Reutilizar
Una segunda oportunidad

¿Vas a tirar algo porque está viejo, porque te has cansado de ello o porque crees que ya no sirve? **Piensa un poco...** Muchas veces, podemos dar un uso diferente a las cosas que ya no queremos: ahorraremos dinero y nos convertiremos en verdaderos **amigos de la naturaleza.**

ELIGE LA TUYA ENTRE ESTAS IDEAS PARA REUTILIZAR

De maleta vieja a **mueble**

Botellas-**florero** y latas-**macetero**

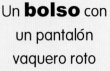

Animalitos con los tubos del papel higiénico

Un **bolso** con un pantalón vaquero roto

Eco
consejos

¡**Reutilizar** disminuye la basura y fomenta la imaginación!

Arregla la ropa y los zapatos en lugar de comprarlos nuevos

Los libros y juguetes que se te queden pequeños, dónalos

Cada persona puede generar **1 kg** de basura al día.

Mariposas de pinzas

Compra cosas de segunda mano

Calcetines-**muñecos**

Botas de agua que ya no uses para plantar **semillas**

No compres artículos desechables de un solo uso

¡Y todo lo que se te ocurra!

Basura espacial

¡Cuidado, el Universo no es una chatarrería!

Si creías que solo hay basura en la Tierra, te equivocas, el espacio está **lleno de trastos** que también hemos ido dejando nosotros. Desde que en 1957 se lanzó el primer satélite artificial, el Sputnik, hemos mandado al espacio unos **18.000 objetos** que, al dejar de funcionar, se han desintegrado en pequeñas piezas.

Hay **millones** de piezas y fragmentos (a veces de 1 mm) orbitando la Tierra.

Viajan a la increíble velocidad de **56.000** km/h

¡Eso los convierte en **proyectiles** peligrosos!

2 La Luna

El hombre deja basura allá donde va... En la Luna, por ejemplo, las **misiones Apolo** han dejado cosas tan raras como cables, pelotas de golf ¡o la fotografía de familia de un astronauta!

1 Avance científico

Enviar satélites y naves al espacio es una **fuente de conocimiento** inmensa, tanto de otros planetas como del nuestro. Pero ese beneficio no debe convertir el universo en un basurero.

Eco
curiosidades

¿Cuál es la composición de la basura espacial?

22%: naves en desuso

7%: naves en uso

13%: objetos de misiones espaciales

41%: otros restos

17%: restos de cohetes

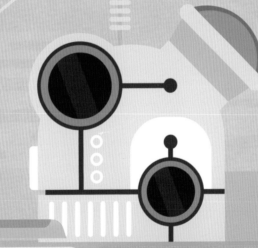

3 Fecha de caducidad

Cuando un objeto espacial termina su misión, debería **regresar a la Tierra** y no explotar o quedarse dando vueltas en el espacio.

4 Difícil solución

Encontrar y eliminar todas las piezas que forman la basura espacial es **costoso y difícil,** pero se está estudiando: usar redes o alterar su trayectoria para que se **desintegren** en la atmósfera, son posibles soluciones para los trozos más grandes, pero ¿y los más pequeños? Aún no tenemos una respuesta...

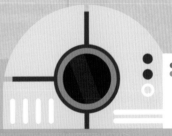

Cada árbol
es un tesoro
más valioso
que el oro

El plástico
no sabe nadar,
así que no
lo tires al mar

Si temes a
la contaminación,
baja la
calefacción

Las energías
renovables
son las más
responsables

Reciclar
la basura
es una apuesta
segura

Un consejo
indispensable:
usa pilas
recargables

Ir andando
o en bicicleta
es bueno para
el planeta

Protege a
los animales
y sus hábitats
naturales

Pon en la
terraza un huerto
y serás
un ecoexperto

Hazle a
la Tierra un favor:
cada cosa, a su
contenedor

10

ECOCONSEJOS
PARA QUE EL MUNDO
LLEGUE A VIEJO

Habría **juegos** para todos...
si los **niños** gobernasen el mundo.